Ulrich Schaffer · Sehnsucht nach Nähe

Für die Sehnsüchtigen,
die sich nicht zufriedengeben
mit dem, was sie erreicht haben.

Für die,
die sich der Spannung
von Nähe und Abstand aussetzen,
um besser zu begreifen,
was sie wirklich wollen
und was nicht.

Für die,
die auf dem Weg zu sich selbst
die Welt mit ihren Geschenken
und Ansprüchen
ganz neu entdecken.

Ulrich Schaffer

Sehnsucht nach Nähe

Kreuz Verlag

CIP-Kurztitelaufnahme der Deutschen Bibliothek

Schaffer, Ulrich:
Sehnsucht nach Nähe / Ulrich Schaffer. – 1. Aufl.,
(1. – 8. Tsd.) – Stuttgart : Kreuz Verlag, 1986.

ISBN 3-7831-0819-5

1. Auflage (1.–8. Tausend)
Kreuz Verlag Stuttgart 1986
Umschlagfoto: Ulrich Schaffer
Porträtfoto von Ulrich Schaffer: Waltraud Schaffer
Satz: Typobauer Filmsatz GmbH, Ostfildern 3
Druck und Bindung: Röck, Weinsberg
ISBN 3 7831 0819 5

Durch Worte in die Wirklichkeit

1906 schreibt der dreißigjährige Rilke an seine Frau: »... ich horche über meinen Gedichten, die noch ins Buch der Bilder wollen. Langsam höre ich einem jeden zu und lasse es ausklingen bis in seinen äußersten Nachklang hinein. Wenige werden bestehen in der Stille, in die ich sie stelle ...«

Dieses Hören und Prüfen kenne ich. Lange habe ich darüber nachgedacht, was in diesen Band hinein soll. Viele Texte habe ich wieder verworfen. Sie sind zurück in die Schublade gewandert.

Das alles fing an, als ich mit sechzehn Gedichte zu schreiben begann. Ich schrieb bildhafte, »schwierige« Texte, beeinflußt von der Lyrik, die damals in Deutschland geschrieben wurde. Ich erinnere mich noch, wie ich im Norden von British Columbia Enzensberger, Franz Mon und Helmut Heissenbüttel entdeckte. Eine Welt tat sich auf. Ich kopierte, experimentierte, entwickelte Theorien und versuchte allgemein durch Sprache wettzumachen, was mir an Erlebnis fehlte. Manchmal verwechselte ich die Unfähigkeit, etwas deutlich zu sagen, mit Tiefsinnigkeit. Mit zwanzig hatte ich über tausend Gedichte geschrieben. Das Schreiben hatte mich gepackt und hat mich bis heute nicht losgelassen. Es gab sogar zwei Bücher mit diesen ersten Texten. Es ist gut, daß sie längst vergriffen sind.

Dann kam eine Zeit, in der ich mich in meinem Schreiben stärker den Sinnfragen zuwandte. Ich

versuchte meine geistlichen Überlegungen zu gestalten. Diese Texte nannte ich Meditationen und unterschied sie so von meinen Gedichten. In den Meditationen ging es nicht so sehr um das Bildhafte als um eine klare Gedankenmitteilung, nicht so sehr um das Ahnen von Wirklichkeiten als um das Formulieren von verständlichen Aussagen. Metaphern und Bilder standen im Dienst der Mitteilung. Nebenbei schrieb ich weiter Gedichte, gekennzeichnet durch ihre Bildersprache und eine Offenheit, die den Leser einlädt, das Gedicht fertigzustellen.
Langsam wuchs in mir das Empfinden, daß ich erst wirklich zufrieden sein würde, wenn es mir gelänge, diese beiden Richtungen zu kombinieren und beide in *einen* Text einfließen zu lassen. Einerseits wollte ich verstanden werden, auch von Lesern, die nicht geübt sind, Gedichte zu lesen. Andererseits wollte ich aber auch Bilder in meinen Texten gebrauchen, die über sich selbst hinausweisen in den Bereich des Ahnens von Möglichkeiten, die sich nicht in Sprache fassen lassen. Ich merkte, daß eine Richtung der andern behilflich sein könnte. Das Anliegen, wirklich verständlich zu schreiben, würde mir verbieten, so esoterisch und versiegelt zu schreiben, wie ich es in manchen modernen Gedichten sah. Andererseits würde ein Festhalten an der Bildhaftigkeit mich vor Plattheit und Vordergründigkeit bewahren. So arbeitete ich in dieser Richtung weiter.
Mit diesem Band möchte ich nun zum ersten Mal ganz bewußt eine Reihe Texte vorlegen, die

Ausdruck dieser Vereinigung sind. Sie wollen verstanden werden und doch über sich selbst hinausweisen. Sie wollen den Gedanken und das Bild ernst nehmen.
In meinen letzten Büchern habe ich schon hier und da Texte dieser Art eingestreut, besonders in »Neues umarmen« und in »Ins Blaue wachsen«. »Sehnsucht nach Nähe« führt nun noch einen Schritt weiter. Ich bin froh, das Buch vorlegen zu können, und bin sehr gespannt, wie es von meinen Lesern aufgenommen wird. Dem Leser wird etwas mehr abverlangt. Sie oder er muß an den Texten mitarbeiten. Die Texte wollen weitergeschrieben, weitergedacht werden.
Ich begleite das Buch mit meinen Gedanken, als wäre es mein erstes Buch. Das Betreten von Neuland ist immer spannend, aber auch verunsichernd. Und doch spüre ich in mir eine große Festigkeit: Auch so schreibend, will ich dem Leben, der Wirklichkeit nachspüren und mir Einsichten erarbeiten, die ich auf keine andere Weise erlangen könnte.
Ich wünsche mir einfühlsame und offene, aber auch kritische und weiterfragende Leserinnen und Leser. Ich empfinde eine starke Solidarität mit euch, die ihr meine Bücher lest, und bin gespannt, wohin unsere gemeinsame Entwicklung uns noch führen wird.

Ich habe den Band in drei lockere Abteilungen gegliedert. In der ersten, »mit Haut und Herz«, geht es um Beziehung, um Betroffenheit durch den andern. Neben Liebesgedichten stehen

Texte der Enttäuschung und des Suchens. Es geht vom Staunen über den andern in »Du und … du« bis zum Gefühl des Ausgeschlossenseins in »Du und dein Schlüssel«. Die Texte sind Ausdruck eines Wunsches nach einer tieferen, umfassenderen Begegnung mit Menschen. Ich wünsche mir einen Austausch, durch den beide befähigt werden, auch allein weiterzugehen. Ich wünsche mir Beziehungen, die sich nicht gegen alle andern verschließen. Beziehung als Befähigung zum tieferen, reiferen Leben. Martin Bubers Satz »Alles wirkliche Leben ist Begegnung« könnte den Hintergrund für diese Texte bilden.

In der Abteilung »inneres Feuer« geht es um Bewußtwerdung und um die damit verbundenen Schmerzen. Vor Jahren hat mich ein Wort des Prager Schriftstellers Franz Kafka tief berührt, und ich habe es nicht mehr vergessen. Er sagt zu einem Freund: »Die meisten Menschen sind gar nicht böse. Die Menschen werden schlecht und schuldig dadurch, daß sie sprechen und handeln, ohne die Wirkung ihrer eigenen Worte und Taten sich vorzustellen. Es sind Traumwandler, nicht Bösewichte.«
Erwachsen werden heißt, bewußter zu leben, Verbindungen zu verstehen, Zusammenhänge zu ahnen, Zustände zu durchschauen, sich selbst und andere nicht mehr zu täuschen mit einer Naivität, die sich als Kindlichkeit ausgibt. Bewußt werden heißt, die Welt nicht mehr als Projektion der eigenen Seele zu erleben. Es

heißt, sich selbst anzusehen und seine Möglichkeiten und Begrenzungen zu erkennen. Das ist für mich Mut und Demut.
In den Texten dieser Abteilung habe ich versucht, das Thema auf ganz unterschiedliche Weise zu gestalten. Ich habe viele Stimmen gebraucht, nicht nur meine eigene. Ich habe Situationen geschaffen, die beim Bewußt-Werden behilflich sein könnten. Ich habe die Texte auch nicht in erster Linie als Bewußt-Werdungs-Texte geschrieben. Ich merke nur, wo ich lebendig werde, möchte ich es auch bewußt in Worte fassen. So entstanden die meisten dieser Gedichte. Die Einsichten in das Leben können auf unterschiedliche Weise kommen: durch Krankheit, durch das Erlebnis der Sinnlosigkeit oder durch das Hören auf den eigenen Körper. In dem Text »Der Photograph Gottes« geschieht die Bewußt-Werdung durch das Abbilden der äußeren Welt. Der Weg zu Gott wird als Weg zur eigenen Seele beschrieben. Die Welt außen wird zur Welt innen.
So unterschiedlich, wie wir alle sind, so vielfältig sind die Möglichkeiten, in diesem Bereich zu wachsen.
Die letzte Abteilung, »ehe es zu spät ist«, befaßt sich mit dem Menschen in seinem sozialen Kontext. Doch auch das möchte ich nicht zu eng verstanden haben. Keiner von uns ist eine Insel. Mein Schicksal hängt mit dem des andern zusammen. Was ein Land unterläßt, hat für ein anderes Land Konsequenzen. Wir bewohnen alle gemeinsam das Raumschiff Erde.

Für mich beginnt dieses soziale Bewußtsein im ganz Privaten. Äußere Aktion verändert auf Dauer nur soweit etwas, wie die Handelnden selbst schon verändert sind oder bereit sind, sich zu verändern. Sonst folgt auf Gewalt ganz schnell Gegengewalt, Unterdrückung wird durch Unterdrückung beseitigt, und Zerstörung wird von Zerstörung abgelöst. Alles geht weiter wie vorher. Nur die Ideologien und Schauspieler wechseln.
Darum sind sogar diese Texte verhalten und fast privat. Sie beginnen bei dem, was der einzelne bei sich, in sich tun kann. Da, wo dieser Ansatz ernst genommen wird, geht es weiter, und wir werden im tiefsten Sinn politisch sein. Politisches Handeln beginnt für mich da, wo ich mich mit meinem Leben auf das Leben eines anderen einlasse, wo ich mich für die Würdigung des Menschen einsetze, ob hier oder am andern Ende der Erde.

Ulrich Schaffer
Burnaby, B.C., Canada
im November 1985

Wenn nicht hinter den Worten,
hinter den verzweifelten Blicken,
hinter der bewußten Abwendung,
hinter Erfolg und Verzicht

nur die unstillbare Sehnsucht nach
Nähe wäre,
woher käme dann die Unruhe,
die dich vor dem Fenster
auf und ab gehen läßt,
bis du kalt oder heiß geworden bist?

Manchmal bestehen wir über und über
nur aus Haut,
die berührt werden will.
Das ist unsere schmerzhafte Berufung,
der wir uns widmen,
als wäre jeder Tag der letzte.

mit Haut und Herz

Du und … du

Deine Worte
reichen nicht aus.
Auch nicht deine Wortlosigkeit.
Sogar die Sprache deiner Augen
hat einen zu begrenzten Wortschatz.

Weil du Lichtschatz bist,
Luftschatz, Farbschatz, Tonschatz.

Mehr
als jeder Ausdruck,
eine Welt in sich,
unbeschreiblich
und nicht festzuhalten

bist du du.

Verankert

Eine Insel
mitten im Meer

Festland
in der Gedankenflut

Das Auge
im Sturm

bist du

In täglicher Veränderung
von mir weg
zu mir hin

Insel Erde und Auge
verankert in der Spannung
der Liebe

Eine Einladung an die Luft

Da kommst du.
Eine Einladung an die Luft.
Wie Licht bewegst du dich
durch meinen kleinen Blickwinkel.
Ich nehme dich auf.
Alles in mir nimmt dich auf,
aber ich werde davon nicht voll.
Die Luft zwischen uns bleibt,
bleibt ein Geheimnis.

Deine Haut muß keine Grenze mehr sein.
Im Auge wird alles licht.
Ich gehe auf dich zu,
meine Füße, meine Arme,
mein Geschlecht, meine Augen,
meine zitternde, feste Seele.

Mit meiner schweigenden Haut
hebe ich den Schatten der Worte auf.
Unsere Wortarmut
öffnet uns den Weg in andere Sprachen.

Halte still
und erschüttere nicht
das sanftfallende Licht.
Es ist das Tiefste, was wir besitzen,
und trägt die Farbe
deiner und meiner Iris.

Von Häutung zu Häutung

Wir leben von Häutung zu Häutung
durch Jahre, die sich entfalten.
Unsere trennende Haut
wird immer dünner.
In Momenten sind wir gar hautlos
im Durchgang zum Licht.

Silbenweise
entziffere ich deine Fremdsprache.
Blicke sind eindeutiger.
Ich schaue tiefer
und erkenne dich,
endloser und werdender
als je zuvor.

Meine Fingerspitzen

Ich lehre meine Fingerspitzen nichts.
Sie haben ihre eigene
verwegen liebende Erinnerung.

Angelockt von deinem Menschsein,
haben sie von dir
das Narbenwandern gelernt
und ziehen jetzt die Linien nach,
die du gelebt hast.

Sie werden gläubig an Wunden.
Sie heilen und werden geheilt
in jeder Begegnung.
In der Berührung liegt ihre Weisheit.

Erkennbar werden

Eine Hand hinhalten
wie das eigene Leben.

Sich zu erkennen geben
in den fünf Fingern
und ihrem Druck.

Die Chance nutzen,
durchsichtig zu werden,
um sich selbst
den Rückweg abzuschneiden
in den Schutz des ängstlichen Abstands.

Erschütterungen

Deine Worte
sind Erschütterungen der Luft.
Deine Blicke
Neuordnungen des Lichts.
Deine Berührungen
Anerkennung der anderen Welt.

Unsere Sinne
sind sanfte Botschafter
auf vorsichtigen Katzenpfoten.

Lautlos,
mit den Händen um meinen Mund gemuschelt,
rufe ich dich herbei,
und du kommst,
schwingend
in den unsichtbaren Saiten.

Auf deiner Zunge zergehen die Worte

Es gibt Worte,
aus denen ich dich
jetzt hinausschicken muß,
weil sie mich sonst gefährden würden.

Sie tragen noch deinen Geruch.
Sie zergehen auf deiner Zunge
in meinen Ohren.
Du hast ihnen ihren Charakter gegeben.
Du hast sie besetzt
wie auch mich.

Jetzt schicke ich die Worte
neu in die Welt,
damit sie sich Herzen
mit einer anderen Aussprache suchen.
Und auch ich gehe auf Wanderschaft,
um ein anderer zu werden
in den Fremdsprachen der Welt.

Du und dein Schlüssel

Zur Strafe
hast du mir
die Wege zu dir
verriegelt.

Es ist so einfach:
Du schließt ab
und wirfst den Schlüssel weg.
Ich gehe ihn suchen,
und wenn ich
drauf und dran bin,
ihn zu finden,
versteckst du ihn neu.

Ich finde das Menschliche,
das Nahbare nicht mehr an dir
und wehre mich beständig dagegen,
auch das als das Menschliche zu sehen.

Du erfindest Kraft

Weinend verbrauchst du
deinen letzten Vorrat an Kraft,
um eine unberührbare Stelle
in dir zu erhalten.
Verlassen oder verlassen werden.

Noch nie
hat sich das Aufgeben
so angeboten wie heute.

Unglaublich erscheint es dir,
daß der wolkenlose Himmel,
der blühende Garten,
sogar deine spielenden Kinder
noch nicht gemerkt haben,
daß hier eine Welt verglüht.

Noch einmal
erfindest du Kraft
(du bist jetzt an dem Kern im Kern),
und sie trägt dich
noch einmal.

Jeder Weg hat ein Herz

Als wir uns zuerst liebten,
waren die Wege nach überall offen.
Jetzt, wo wir sie gegangen sind
und ihre Illusionen entdeckt haben,
öffnen sich in den Wegen
die neuen Wege.

Jeder Weg hat ein Herz.
Jede Tat hat ein Ziel.
Jeder Traum hat ein Erwachen.
Jedes Herz hat einen Weg.

Auf den neuen Wegen
laufen wir die alten zurück
und entdecken, daß *überall*
nur ein Punkt ist,
in uns.

So haben wir uns selbst
auf die Reise nach innen gelockt
und die schwere Aufgabe der Liebe gestellt.

Am zärtlichen Hals

In Gedanken
versucht er sich die Nähe,
die auch noch im Schmerz besteht,
zu ertasten.

Aber Gedanken sind Fallen.
Sie lassen ihn nicht erleben.
Wohl brennt sein Wunsch,
doch die Wirklichkeit des Abstands
ist lähmende Kälte.

Und so hängt er nur im Kopf
an dem Sinn der Welt
wie an einem zärtlichen Hals,
während seine Haut,
diese sehnsüchtige,
weiter verloren
nach Haut sucht,
um den Sinn
glaubhaft zu spüren.

Schmetterlinge

Ich befreie mich von dir,
von deinen Worten,
die mir Wohnungen waren,
von dem Märchen, in dem wir lebten,
auch da, wo es Wirklichkeit war,
von den Erinnerungen
an die Innenseite der Dinge,
von den Träumen vom Fliegen,
von den Verwandlungen in zeitlose Wesen.

Wir haben uns als Raupen geliebt.
Jetzt werden wir Schmetterlinge,
leicht, leichter, am leichtesten,
Küsse des Lichts.

Wo es danach weitergeht,
ahnen wir nur.

Was möglich sein muß

An der stillen Grenze
erholen wir uns,
sammeln Kraft,
während sich Haut und Haut
immer neue Abschiede geben.

Um innerlich unbegrenzt lieben zu können
gegen die Wilderer,
die im Fleisch haften,
und gegen die Zweifler,
die ihren Kopf nie verlassen,
entwerfen wir kühne Landschaften,
die wir beziehen wollen
mit festen Entschlüssen
und zarter Wahrnehmung.

Wir werden Heimat finden
im Anziehen und Loslassen,
nicht im Verzehren und Verzehrtwerden.
So werden wir gespannte Bogen sein,
deren Pfeile ihr Ziel erreichen.

Die Grenze ist keine Grenze

Daß ich an Grenzen stoße
und dich nicht so lieben kann,
wie ich es mir vorgestellt habe,
setzt die Grenzen noch enger.
Ich bin in einem Zimmer,
dessen Wände nach innen fallen.

Alles, was ich nicht tun kann,
kommt dann zu mir
und will von mir getan werden
wie ein Hohn.

Heilige fasten dann,
sehen Gesichte,
werfen die höhnenden Gestalten
aus Zimmer und Zelle
und beten mit Haut, Haar
und Herz.

Ich aber habe nur meinen Willen
wie den schweren Kern einer Frucht,
die langsam reift
und zu glühen beginnt.

inneres Feuer

Die Instrumente der Sehnsucht

für Eva Conod

Sie spielt die Instrumente der Sehnsucht
als Weg zu sich selbst.
Sie spürt in sich eine Wirklichkeit,
die sie erreichen will.
Sie hält nichts zurück in ihrem Spiel.
Vorbehaltlos verschwendet sie sich an die Musik.

Über die Enttäuschungen
mit vielen Melodien
hat sie ihr Lied gefunden
und singt es.

Ihre Sehnsucht,
die Führerin,
umarmt sie
glücklich.

Festland

In mir,
unter dem endlosen Blau,
ist wachsendes Festland,
das aufsteigen will.

Eine Insel wird sichtbar,
aber schon die nächste Welle
bedeckt sie wieder ganz.

Noch ist das Meer nicht bereit,
seine Endlosigkeit aufzugeben
und Land zu erlauben.

Noch bleibt das Land unbewußt,
und Ahnung liegt in der Tiefe,
wo ich auf mich warte.

Es ist, als ob ich es fassen könnte

Ich habe wunde Füße,
weil die Wege in mir
so unendlich weit sind.

Auf dem Fjord
hält sich das winzige Boot
in der Dämmerung
vor den Bergkonturen.

Der Abendhimmel,
fast wolkenlos gelb,
scheint auch in meine Unsicherheit
getaucht zu sein.

Späte Vögel
suchen nach sicheren Bäumen.
Ich könnte ein fallendes Blatt sein,
so unhaltbar ist alles in mir.

Ich höre mein Herz schlagen
und hoffe auf seine Weisheit,
aber am Ende habe ich nur Tränen,
die ich nicht verstehe.

Lautlos warte ich
auf den Aufgang des Abendsterns
vor meinem Westfenster,
als würde Gott dort wohnen.

Inneres Feuer

Die Schwerkraft
läßt uns nach innen fallen,
auf das hellere Feuer zu,
auf uns selbst,
wo im Zauber der Anziehung
aus der Asche
ein neuer Körper blüht.

Aber nur,
wenn wir Sonne sind.
Planeten, die nur vom Widerschein leben,
fallen in den nächsten Stern
und bleiben sich selbst
sogar in ihrem Verbrennungstod
noch erschreckend fremd.

Vergangenheit, meine Lehrerin

Ich will meine Geschichte einsetzen,
von ihr lernen, was ich brauche.
Die vielfachen Geburtsnöte,
die Höhenflüge und Abstürze,
die Verwandlungen der Langenweile,
die Blockaden und Beschleunigungen –
sie alle sprechen
und sagen mir, wo es jetzt weitergeht.
Sie haben sich in mein Fleisch eingekerbt.
Sie sind ich. Ich bin sie.

In meinen Zellen ist noch der Schrei
vom Dezember zweiundvierzig
und der vom Januar achtundsechzig,
der wie ein Riß durch meine Seele ging.
Mein Geschlecht erinnert sich noch
an die erste Berührung.
Die Prüfungsängste
stecken noch in meinen schreibenden Fingern.
Eine goldene Baumgruppe
im Cariboo im Oktober siebenundsiebzig
hat sich unauslöschlich
in meine Netzhaut eingetragen.
Ich kann Meerluft spüren
und die sterbenden Lachse des Nordens sehen.
Und der Tag, an dem Haß,
mein Haß, so befremdend wirklich
in mir wurde,
begleitet meine Sprache behutsam
auf Lebenszeit.

Ich bin ein Wörter- und Bilderbuch.
Ich bin Film und Projektor,
Erinnerer und Sammler.
In mir leben Menschen und Dinge,
Stimmungen und Ideen
in unendlicher Zahl.

Ich war.
Ich bin.
Ich werde sein.
Das Gestern ist im Morgen enthalten,
weil ich von dir lerne, meine gute Lehrerin.

Ich muß leichter werden

Ich muß leichter werden
als deine Worte
und mich nicht binden lassen.

Ich muß leichter werden
als Schnee,
der doch fällt und zergangen wird.

Ich muß leichter werden
als mein Schatten,
der vor mir liegt,

unantastbar.

Meine Wahrheit

In der Puppe
noch eine Puppe
und in dem Körnchen Wahrheit
noch ein kleineres Körnchen
und darin ein härteres,
ein widerstandsfähigeres,
ein verletzbareres,
und so weiter.

Prozeß des Abschälens,
des Abwerfens.
So wird immer weniger,
was ist,
bis alles innen
mehr wiegt
als alles außen
und ich auf mich gestoßen bin.

Erst dann
darf ich alles umkehren:
Ich kann leichter werden,
weil ich Kern bin.

Mein Schutz, mein Panzer

Gott,
ich gebe dir meinen Panzer,
meine Unverletzbarkeit:
laß mein Blut fließen.

Ich gebe dir meinen Star,
meine Blindheit:
stich durch, laß Licht fallen.

Ich gebe dir meine reine Haut,
meine Gerechtigkeit:
laß sie schmutzig werden im Leid.

Ich gebe dir meine musiküberwehten Ohren,
meine Schwerhörigkeit:
laß Notschreie meine Seele erschüttern.

Ich gebe dir meine verzärtelten Hände,
meine Ängstlichkeit:
laß sie das Zupacken lernen.

Die Welt ertasten

Wir müssen vieles ertasten,
weil wir blind sind
für das, was uns angeht.

Der Weg führt über geschlossene Augen
in das innere Lichtermeer heller Ahnungen,
um dort die Dinge zu wecken,
einzeln.

Ein jedes beginnt
uns auf seine Art zu leuchten
auf dem Weg, den wir zu uns selbst gehen.

Aber es gibt nur das einzelne.
Alles muß einzeln geschehen
und mit großer Sorgfalt,
sonst werden wir nur noch blinder.

Zurück zu mir

Ich breche mich
zu dir hin,
wie ein Fisch das Wasser bricht
und fliegt.

Ich erhebe mich
wie ein neugeborenes Fohlen,
unsicher torkelnd,
aber auf eigenen Beinen.

Ich segne mich,
Mensch zu sein,
und ein wenig des Segens
fließt bis zu dir.

Ich wende mich ab von dem,
den ich zu kennen meine,
so wie er sich von mir abwendet.
Wenn wir uns dann verlassen,
begegnen wir uns
auf der anderen Seite der Erde,
wo die Landschaft berauschend fremd ist.

Ich erlöse dich
aus dem Käfig,
in den dich viele Gebete
gesteckt haben, auch meine.

Ich lasse mich nicht mehr überfremden,
als würde ich mich nicht lieben.
Ich werde mir Heimat
unter meinen Lieblingsbäumen.

Ich komme an,
wo ich schon immer war,
ohne es gewußt zu haben.

Endlose Landschaft

Ich möchte verlorengehen
bei den Bahnfahrten
durch diese Landschaften.

Ich möchte nicht ankommen,
heute jedenfalls nicht.
Ich möchte allein sein
auf diesem langen Zug.

Ab und zu will ich winken
bei kleinen Bahnübergängen,
wo Menschen verschlafen
aus einer anderen Welt winken.

Ich weiß,
daß ich nicht enttäuscht werde,
solange ich fahre,
und so fahre ich weiter,
esse meinen Proviant auf,
winke und träume,
daß ich nicht ankomme.

Ich lege all die Männer ab

Ich lege all die Männer in mir ab.
Den starken Mann:
er kann nicht fliegen.
Den aufrechten Mann:
an seiner Steifheit gehen andere zugrunde.
Den wissenden Mann:
er fällt immer tiefer
in die Unwissenheit der Buchstaben.
Den Mann-Mann:
er steht jedem Kind im Wege.
Den erfolgreichen Mann:
er hält sich an Kartenhäusern fest.
Den Herr-Mann:
er baut an einem Turm,
der in den Himmel reichen soll.

Und wenn ich dann versucht bin,
eine Frau zu werden,
weiß ich, daß ich ebenso
all die Frauen ablegen müßte
und es nicht leichter wäre.

So bleibe ich leer und bildlos,
und wenn ich mich dann male,
erlebe ich es als Erfolg,
wenn das Papier weiß bleibt.

Es geht etwas unsichtbar

Es geht etwas unsichtbar.
Es weiß etwas mehr.
Es springt etwas höher
als ein guter Traum.
Es liegt etwas weit unter dem Moos.
Es sät sich etwas sehr dünn.
Es sitzt etwas tiefer
als der alte Krake im Wrack.
Es weint etwas ganz nahe.
Es will etwas viel weiter.
Es reift etwas
und will noch vor dem Herbstwind fallen.
Es stirbt etwas echter.

Niemand kennt es besser als du.
Es kennt niemand besser als dich.
Gib ihm nach.

In mir, *in mir*

Da sind lauter verschlossene Wege.
Da sind torlose Zäune.
Da sind schloßlose Tore.
In jener Richtung
nimmt das weiche Moor zu.
An dieser Biegung tritt der Fluß
über seinen Deich.
Weiter draußen
sammelt das Meer quellende Leichen.
Die Hauptstraßen sind längst zugewachsen.

Aber in mir
gibt es ganze Landstriche,
die entdeckt werden wollen,
und in den Dörfern wohnen Menschen,
die sich nach einer Biographie sehnen.
In mir
stehen technische Zeichner
und Straßeningenieure,
Deichexperten und Lotsen bereit.
Sie haben genaue Landkarten
wie Visionen bereit.

Und wenn ich nicht in mich trete
und diese Welt aufschließe,
wird es sie nie geben.

Ich bin nichts

Ich bin ja doch nichts –
ein leerer Mantel,
ein Gedanke ohne Nest,
ein Wort ohne Bedeutung,
eine Warnung, die zu spät kommt.

Ich bin nicht schön,
und das Außergewöhnliche
tun andere.
Ich bin nichts
und schon jetzt vergessen.

Vor diesem Glauben
rettet mich nicht
das Mitleid der Welt,
nicht das Schicksal
oder die Tränen
und schon gar nicht
die billige Ehrfurcht
oder die noch billigere Demut.

Vielleicht aber
die harte Stimme
meines inneren Lehrers,
die sagt:
Glaub, was du willst.

Der Photograph Gottes

für Carsten Gursche 1962–1984

Schräg steht er gegen den Wind.
In seinen Schuhen verankert,
kann er nicht fallen,
aber auch nicht fliegen.
Sein Mantelkragen ist hochgeschlagen.
Aus den Wolken kommt Licht
und manchmal Weisheit.

Das ist der Mann,
der nicht müde wird,
Gott zu photographieren.
Er blendet ab,
um mehr Tiefenschärfe zu haben.
Die meisten Bilder
macht er mit Unendlich.

Er sagt,
daß er schon
einen Widerschein
vom Auge Gottes
in den zehntausend Bildern
seines Archivs
feststellen kann.

Doch ist auf den Bildern
auch untrüglich die Seele
des Photographen abgebildet.
Aber man muß schon etwas
vom Auge Gottes haben,
um es zu sehen.

In meinem Körper

Allein
in einer fremden Stadt,
gehe ich in der kühlen Morgenluft
und spüre, wie ich dabei
in meinen Körper zurückkehre,
glücklich,
daß er bewohnbar ist
und mich diese Straße entlangführt.

An der Krankheit gesunden

Wie still sich in uns
die Krankheiten die Hände reichen,
um gemeinsam die Zerstörung
an den Punkt zu treiben,
wo Knochen und Muskeln,
Gewebe und Nerven
die seltenen Einsichten
aus uns pressen.

Und darüber wartet die Seele
wie eine Mutter,
wie eine Glocke.
Und darunter stöhnt die Seele
wie eine Tragbahre,
wie Urgestein.
Und darin wächst die Seele
wie Blutbahn
und Atem.

So könnten wir reifen
und dem Schmerz
seine Bestimmung wiedergeben,
um das Neue,
das neue Ichweißnichtwas
zu entdecken.

So,
vielleicht nur so,
tut sich der dunkle Himmel
in uns auf,
und wir gesunden.

Selbstaufforderung

So erbärmlich bin ich
hinter den Bergen der Berge,
die vor mir wachsen,
als gelte es nur,
mich von allem zu trennen,
was erkennbar ist.

Oder aber
es ist meine Art,
mich selbst aufzufordern,
mir endlich Seil, Eisaxt
und Haken zu besorgen.

Wieviel schrecklicher wäre es,
schon diesseits der Berge
erbärmlich zu sein
und aufzugeben,
ohne angefangen zu haben.

Wenn das Leben sinnlos erscheint

Ich pflanze meine Füße
fest in die Erde.
Mein Oberkörper ist leicht
nach vorne geneigt,
meine Hände sind abwechselnd
Fäuste und Greifer.
Mal bin ich Stahl,
mal biegsam wie eine Birke.

Die Augen sind intensiv.
Sie sind offen
und doch nach innen gerichtet,
denn auch sie,
wie der Körper,
wollen nur das eine verhindern:
daß mit dem Zerbrechen
von manchem
nicht alles
zerbricht.

Dein unbewohnter Körper

für Waltraud Schaffer

Daß dein Körper
manchmal abwesend zögert
ist nur, weil er unbewohnt ist,
wenn du wieder unterwegs bist
ins Labyrinth für hellhörige Seelen.
Du denkst dich in Gott ein,
springst über Mauern,
göttlich und kindlich,
und träumst, alles fertigzustellen,
was noch unvollständig ist
am Herzen des Menschen.

Aus Liebe hast du
deinen Körper verlassen,
und ebenso kehrst du aus Liebe zurück.
Geduldig wartet er,
bis du ihn wieder einnimmst
und ihr euch euch gegenseitig zumutet
wie zwei Freunde,
die um ihre Begrenzungen wissen.

Was du von deinen Reisen mitbringst,
sind immer neue Mittel
zur Belebung von Körpern
als Heimat für die Hellhörigkeit.

Was ich mir verschweige

Es gibt Dinge,
die ich sogar mir verschweige.
Ich deute sie nur an,
um mir zu zeigen,
daß ich mich ernst nehme.
Es geht dabei immer
um eine der besonders schmerzhaften
Formen des Sterbens,
für die ich noch nicht
stark genug bin.

Aber irgendwann
werde ich über sie sprechen können.
Über die Zustände und Wege,
die Vernichtung ausstrahlen.
Ich werde ihr Gift aufnehmen
und unvernichtbar sein.

So werde ich tiefer und tiefer
ins Auge des Sterbens sehen
und Formen des Lebens gewinnen,
die es nur im Todesland gibt.

Ich selbst werde Sprache sein
und bedingungsloser mit mir sprechen.
Weil ich alles losgelassen habe,
darf ich mir alles sagen.

Der Kolibri

Direkt auf mich zu
fliegt der Kolibri,
steht dann aber schwirrend still
zwei Meter vor mir
in der Luft.

Ohne mich zu bewegen,
überlege ich,
ob ich etwas Rotes trage,
oder ob er tatsächlich mich
näher besehen will.

Seine Flügel schlagen
sechzigmal in der Sekunde.
Jeder Schlag ist ein Bekenntnis.
Wie es für mich ist,
dies zu schreiben.

Verwerfung

Ich kenne die Hand der Verwerfung in mir:
Verworfen zu sein und zu verwerfen
sind zwei Bewegungen,
die sich überschneiden.

Ich kenne den Moment der Verwerfung:
Zuschauer zu sein,
wenn sich irgendwer
irgendwo in die Arme fällt
oder wenn zwei sich in die Augen sehen
als wachrufende Bewegung der Liebe
und ich nicht dabei bin.

Und doch wächst aus jeder Verwerfung
die treibende Sehnsucht,
die alles in Kauf nehmen möchte,
aber gefährdet ist durch die Unfähigkeit,
sich in die Liebe zu werfen
wie in ein Schwert,
wie in das Leben.

Leben leben

Ob du
eine Definition
für das Leben findest
oder nicht,
ob du Bücher
zum Thema
liest oder nicht,
ob du Menschen begegnest,
die lebendig sind,
oder nicht,
ob du den endgültigen Vortrag,
bei dem dir alles klar wird,
hörst oder nicht,

nichts
ersetzt,
dein Leben
zu leben.

ehe es zu spät ist

Der stille Punkt

Hätten wir den stillen Punkt
in uns gefunden,
wären die Armeen nicht nötig,
Worte würden ausreichen,
Hände würden Hände berühren,
weil es nichts zu verteidigen gäbe.

Der erhobene Zeigefinger
würde seine Drohung verlieren,
und ebenso still würden wir begreifen,
daß er nach oben zeigt,
auf den stillen Punkt über uns.

Warnung

Wo du dich abwendest,
senkt sich schwere Erde auf dich,
Schicht um Schicht,
und plötzlich
stößt der erste Maulwurf
gegen deine Rippen,
als letzte Warnung.

Noch ist es Zeit,
dich dem Schmerz zuzuwenden
und Mensch zu werden,
ehe sich die Erde
über uns alle stürzt.

Die alte Angst

Es ist die alte Angst:
ausgesetzt zu werden,
die Heimat
an der Haut des andern
zu verlieren.
Was damals die wilden Tiere waren,
die Naturkatastrophen
und feindlichen Stämme,
sind heute die andersartigen Meinungen,
die Verdächtigungen und Ächtungen,
die Eiszeit zwischen den Menschen.

Es ist die alte Angst:
ausgelöscht zu werden
aus der Erinnerung derer,
an die man sich erinnert.
Nicht mehr zu zählen,
wenn gezählt wird.
Übrigzubleiben.
Nicht zu wissen, wohin.

Und so setzt
die betende Haltung nach Nähe ein:
um das Feuer des Stammes,
in bergenden Höhlen,
um Kaffeetische,
unter Kanzeln und Kathedern.
Der ganze Mensch zuckt nach Nähe
und findet keine Ruhe ohne sie.

Die aber,
die sich herauslösen
und herausgelöst werden
und den Preis des Dazugehörens
(die Seele als Währung)
nicht bereit sind zu zahlen,
die sind Gejagte und Verlachte
in den Schluchten
der Hochhäuser und im Dickicht
der Städte.

Doch die Nähe,
die sie entdecken,
wenn sie einander finden,
ist unbeschreiblich.

Maschinerie

Erschöpft
versuchen sie festzustellen,
ob es ihnen gelungen ist,
sich selbst wieder zu betrügen
und das nicht zu sehen,
was sie längst durchschaut haben.

Während sie warten,
machen sie kleine, leere Bewegungen
wie Hoffnungslose,
die gleich von ihrer Nichtigkeit
eingeholt werden.

Erschreckend ist die Stille,
die auf allen lastet.

Die erste, zweite und dritte Welt

Im Aufzählen der Welten
von eins bis drei
kommt alles wieder in Ordnung.
Wenn die Reihenfolge klar ist,
braucht nicht mehr über Abhängigkeiten,
Schulden und Lasten gesprochen zu werden.
Durch die Numerierung
ist Sicherheit vor Nähe gewährleistet.

Ich gehöre zur Welt,
die zählt,
manchmal nur zählt:
die Rohmaterialien,
Darlehen,
Hungerleichen,
und Zahlen
in Computern speichert,
wo sie nicht drücken.

Rückeroberung

Die Gefühle sind eine Wüste.
Sie ist leer bis an die Augengrenze.
Auch Gott fastet hier
und läßt uns unser Leid.
So kämpft er in uns
gegen die Fata Morgana.

Auf Händen und Füßen
erobern wir uns
die kleinen Gefühle zurück.
Aber nichts ist mehr dasselbe.
Das Leuchten erhellt nicht.
Die Sonne verbrennt.
Haut ist ledern
und nur Verpackungsmaterial,
nicht mehr die sinnliche Öffnung
und Grenze der Begegnung.

Unsere Sprache ist staubig.
Sie betet nicht mehr.

Gegen den langen Regen

Du mußt dich wehren,
daß nicht im langen Regen
deine Liebe zu den Dingen untergeht.

Du mußt dir die Dinge,
die Menschen und Wege
in ihrem eigenen Licht vorstellen.
In dir mußt du sie beleben
mit deiner Phantasie,
als würdest du sie beatmen.

Es reicht nicht aus, zu warten
und gutes Wetter herbeizuwünschen.
Der Regen wird auch dich fortwaschen.

Aber wenn du dich wehrst
und alles wieder zum Leuchten bringst,
kannst du über den Regen lachen
und auch ein bißchen verrückt werden.

Du hast gegen dich gewonnen,
und niemand hat verloren.
Damit hat das ewige Leben
schon jetzt
begonnen.

Erfahrung steht gegen Sehnsucht

Fast unbemerkt verläuft
der Verlust der Sehnsucht.
Man stirbt aus der Sehnsucht heraus
wie ein Fisch aus dem Wasser.
Die Erfahrung in ihrer vergewaltigenden Stärke
ist greifbar und glaubbar
und setzt der Sehnsucht ein Ende.
Die Erfahrung spricht:
Was nicht war, wird nie sein.
Und die Vernünftigen glauben ihr.

Und doch ist kein Verlust so groß
wie der Verlust der Sehnsucht.
In ihr begegnen sich Mensch und Gott
und glauben aneinander.
Freiheit und Grenze
laufen durch dieses Wort.
Und kein Wort ist so bunt
wie dieses. In ihm beginnen
alle endlosen Wege.

Wer die Sehnsucht verliert,
geht Schritte,
die sich schnell im Anschaubaren verlieren.
Es wird Zeit,
daß das, was nie war,
jetzt wird.
Unsere Rettung
liegt in der Kühnheit der Vision.

Durch den dichten Wald

Durch den dichten Wald
der Erwachsenen
schlägt sich das zähe Kind.
Durch schlecht sitzende Worte
und undeutbare Gesichter.
Und wenn es meint,
sich gerettet zu haben
vor dem Angekommensein
und der festgelegten Welt,
dann bewohnt es selbst
einen erwachsenen Körper
und übt Finsternis
in Worten und Gesichtern.

Und nur wenige finden den Weg zurück
zum Kind,
zu diesem Tor
in die Betroffenheit.

Bedürfnisse

Könnten wir alle Irrtümer ausräumen,
wir würden schnell,
mit der ganzen Macht unserer Phantasie,
neue erfinden,
um dem zu glauben,
was in uns glaubt.

Könnten wir einander übertrumpfen
mit immer überwältigenderen Lügen,
wir würden mit der ganzen Entschiedenheit
unserer Sehnsucht nach Wahrheit
den Lügen nachspüren
und sie entlarven.

Wir haben die Bedürfnisse,
die uns haben.

Vorräte

für Silya

Momente mit dir,
Wort-in-Wort,
Tochter.
Angezogene Füße
auf Stühlen,
Sonne durch das Dachfenster.
So lassen wir uns unsere Umfriedung
von niemandem nehmen.

Was wir jetzt reden,
kann den Unterschied bedeuten
zwischen Leben und Verzehrtwerden.

In deinen Augen sehe ich,
wie du Vorräte anlegst
für eine unbestimmte Zukunft.
Darum will ich jetzt
mit dir säen und ernten.

Und vielleicht
werde ich das Glück haben,
später ab und zu
aus deinen Augen
leben zu können.

Software

Wäre die Liebe
greif- und berechenbarer,
und könnte man sie erklären,
konjugieren und abrufen
und ihre Regeln
endgültig
schwarz auf weiß
bannen,

hätte ich Angst,
daß es einem neuen Genie
in Jeans und T-Shirt
gelingen würde,
ein Programm für die Liebe
zu schreiben,
bei dem die Software
nicht mehr
meine Haut
und mein Herz
wäre.

Meine Befreiung

für Wilhard Becker

Irgendwann
wird herauskommen,
daß ich eigentlich ein anderer war,
daß ich falsche Papiere hatte
und die Sprache der Einheimischen
mühsam in Nachtarbeit lernte.
Dann wird man wissen,
warum ich manchmal schweigsam war,
gelegentlich niemand sehen wollte,
sogar flüchtete.

Dann wird man
nach meiner Dummheit suchen
und sie finden.
Türen werden sich
mit Genugtuung schließen,
und aus Fenstern wird man
auf mich herabschimpfen.
Meine Worte wird man näher untersuchen
und plötzlich ihren Verrat entdecken.

Das wird der Moment
meiner Befreiung sein.

Vorruf

Ich werde
keinen Zimmermann anstellen,
mir einen Sarg
zu bauen.
Ich bleibe nicht hier.

Ich brauche
kein Stück Erde
und keinen Gärtner,
der es versorgt.
Ich wachse hier nicht fest.

Ich wünsche
keine gewählten Worte
über mir
und über mich.
Ich höre sie nicht mehr.

Ich bin der Zimmermann,
das Holz liebend in den Händen.
Ich bin der Gärtner,
der die Blumen pflanzt.
Ich sage mir die nötigen Worte.

Jetzt
bin ich hier.

Ohne Proviant

Es lohnt sich nicht,
die Taschen vollzustecken
mit Nüssen, Brot und Käse
und Patronen, um Fleisch zu schießen.

Es verdirbt alles und stinkt.
Die Patronen werden feucht.

Laß die Innenseite
deiner Taschen heraushängen.
Wirf die Flinte ins Korn.
Klopf die Patronen aus
und blase ein Lied
auf den leeren Hülsen.

Du wirst vom *Unterwegs* leben können,
aber nur,
wenn du dich nicht umdrehst
wie einer, der zurück will.

Allgemeine Anweisung

Dreh die Steine nicht um.
Vermute hinter dem Gipfel
nicht noch einen Gipfel.
Laß dich nicht aufhalten
auf dem Weg zur Versammlung der Redner.

Sprich nicht mit dem Kind.
Schau nicht zurück.
Denk nicht an dunkelnde Orte.
Sei ein Mann,
dreh die Steine nicht um.

Du könntest treffen,
was dir fremd wäre,
und ganz neu beginnen müssen.

Inhalt

Ulrich Schaffer

1942 in Pommern geboren. Die Familie flieht von dort und wohnt bis 1953 bei Bremen.
1953 Auswanderung nach Kanada. Jugend im Norden von British Columbia.
1961–1970 Studium der Germanistik und Anglistik an der University of British Columbia und an der Universität Hamburg.
1970–1981 Dozent für europäische Literatur an einem College bei Vancouver.
Seit 1981 freiberuflich Schriftsteller und Photograph. Es liegen einundzwanzig Titel von ihm in einer Auflage von über einer halben Million vor, davon sechs Bildbände mit eigenen Photos.
Ulrich Schaffer ist verheiratet und hat zwei Töchter. Er kommt zweimal im Jahr zu Vorträgen und Lesungen nach Europa, um den engen Kontakt mit seinen Lesern zu halten.

Ulrich Schaffer

Neues umarmen

Für die Mutigen, die ihren Weg suchen

93 Seiten, kartoniert

Ulrich Schaffer hat dieses Buch geschrieben »für alle Grenzgänger, für die, deren Leben im Umbruch ist, für die Mutigen, die nach neuen Wegen suchen, wenn die alten unbegehbar geworden sind«. Seine dichten, meditativen Texte spielen an der Grenze zwischen einer traditionellen Art zu glauben und einer neuen, alternativen Art, Christ zu sein. »Ich will mich der Veränderung nicht entziehen, ich will loslassen, um wieder Neues umarmen zu können.« »Auch andere«, schreibt Schaffer im Vorwort, »sind desorientiert in dem Überangebot dessen, was als das wahre Leben angepriesen wird, oder eingeschüchtert von dem Gewicht der Macht der Institutionen, unsicher beim Verlassen der Traditionen, beschwert von ihrer eigenen Geschichte.« Für sich selbst und für andere sucht Schaffer nach »dem Weg aus der Angst«, preist er »die Größe des Menschen« und ortet »eine Wende«, entwirft das Programm für eine »kleine Revolution«.

Ulrich Schaffer

Ich ahne den wechselnden Weg

Im Tagebuch sich selbst begreifen

144 Seiten, kartoniert

Das Tagebuchschreiben, für Ulrich Schaffer seit vielen Jahren selbstverständlich gewordener Ausdruck seines Umgangs mit sich selbst, empfiehlt er seinen Lesern zur Nachahmung. Denn es sind die täglichen Kleinigkeiten, die man so rasch vergißt, in denen doch das ganze Leben gegenwärtig ist. Dem Erleben seinen Namen zu geben, es in Sprache zu fassen, heißt, sich einen Schatz zu sammeln. Auch kommt der Tagebuchschreiber dabei seinem eigenen Unbewußten näher; er übt, sich selbst zu erkennen und seine Konflikte zu lösen. Wer sich im Tagebuchschreiben selbst zur Sprache bringt, wird auch sonst ausdrucksstärker, kreativer. Eigene Tagebuchaufzeichnungen aus einem ganzen Jahr bilden den Hauptteil dieses Buches, geben Einblick in den wechselnden Weg des Autors, der sich den Veränderungen in ihm und um sich her stellt, sich berühren läßt von der Natur und von Büchern, von seinen Kindern und seiner Partnerin, vom Weltgeschehen und eigenen Nöten und bei dem allen in sich selbst hineinlauscht, nach seinem Ort in der Welt fragend, selbstkritisch und ohne Maske.